Francisque de Corcelle

L'Esclavage aux États-Unis

Essai

ISBN : 978-1983821868

10 9 8 7 6 5 4 3 2 1

Francisque de Corcelle

L'Esclavage aux États-Unis

Essai

Table de Matières

L'Esclavage aux États-Unis[1]

Quand on consulte les écrits des voyageurs et des missionnaires qui ont fait connaître les anciennes mœurs coloniales, on voit que les gradations de la couleur, par le mélange des races, rapprochaient autrefois le mulâtre des sympathies du blanc, bien loin de l'en éloigner, comme on le remarque aujourd'hui, partout où les planteurs se croient menacés par l'émancipation des noirs. Le mulâtre, en effet, devait obtenir de son père une préférence naturelle sur l'esclave d'origine purement africaine. Il en a été ainsi, aussi longtemps que la supériorité de traitement, d'éducation et d'industrie dont jouissait la race de sang mêlé, n'a pas développé en elle le désir d'une jalouse égalité, et dans l'autre race, un sentiment contraire de crainte répulsive. L'exemple de Saint-Domingue, où les mulâtres, servant d'intermédiaires aux réformateurs blancs et aux esclaves, avaient décidé le renversement du pouvoir de la métropole, n'a pas peu contribué à ce changement de relations.

Ne faut-il pas que les hommes de couleur deviennent les plus ré-guliers soutiens de l'émancipation des noirs, ou bien les plus dange-reux ennemis des blancs ? Si les lois ne leur permettent pas d'adou-cir la distance du maître à l'esclave, par la fusion des couleurs, par le rapprochement des conditions, des intelligences, des intérêts qui se menacent aux extrémités les plus opposées, leur existence seule semble une provocation continuelle à la révolte. On les écrase alors, parce qu'on ne sait pas les employer, dans l'enseignement graduel de la civilisation, comme de précieux initiateurs des noirs ; le lien des deux races est brisé, et l'on perd le meilleur moyen de tempérer les délirantes inimitiés de la peau. L'indépendance des pays déchi-rés par de semblables divisions est gravement compromise au de-dans comme au dehors, dans la guerre civile comme dans la guerre étrangère. Montesquieu a observé qu'à Rome, sous le gouverne-ment des empereurs, les affranchis se trouvaient presque toujours au-dessus des hommes libres ils dominaient à la cour et dans les palais des grands ; comme ils avaient étudié les faiblesses de leur maître et non pas ses vertus, ils le faisaient régner par ses faiblesses.

Cet inconvénient n'est pas à craindre aux États-Unis ; mais on

1 Marie ou l'Esclavage aux États-Unis, tableau de mœurs américaines, par G. de Beaumont. — 2 vol. in-8°, chez Gosselin.

sait que les despotes moscovites eurent plus d'une fois recours, contre l'aristocratie polonaise, à la vengeance de ses serfs, et si jamais l'Union américaine avait à repousser un ennemi peu scrupuleux dans le choix de ses expédients, pourquoi les esclaves ne seraient-ils pas, sous la conduite des affranchis, aussi facilement tournés contre leurs maîtres, que le furent les Indiens dans la guerre de l'indépendance, avec une barbarie qui souleva l'éloquente indignation du vieux lord Chatam ?

Les premiers conquérants espagnols, inférieurs, sous tant de rapports, aux fondateurs de l'Amérique septentrionale, n'avaient pas amené de femmes dans leurs établissements moins coloniaux que militaires et mercantiles. Ils s'allièrent aux familles indigènes très civilisées en comparaison des Indiens du nord ; plus tard ils se mêlèrent à d'autres races et purent éviter de la sorte les implacables hostilités de la couleur qui menacent les États-Unis. Un point de départ différent a sans doute valu aux Américains des mœurs plus pures et une plus grande énergie individuelle, mais ils ont perdu en sécurité une partie de ce qu'ils ont gagné en civilisation.

L'émancipation du noir, aux États-Unis, ne le fait libre que de nom. Rarement, lorsqu'il est affranchi, il peut devenir pour le blanc un rival dans le commerce ou dans l'industrie. L'abandon, le mépris universel, le réduisent soit à la mendicité, soit au service domestique. Ainsi, la création d'une classe inférieure est la conséquence de l'affranchissement. Cette flétrissure, attachée aux affranchis comme aux esclaves, poursuit également les gens de couleur qui, par la suite des générations, ont cessé de l'être, et la peau du blanc ne lui confère pas un titre de noblesse indépendant de sa généalogie. La moindre goutte de sang noir devenue tout à fait imperceptible, mais constatée par le souvenir d'un bisaïeul mulâtre, classe le blanc parmi les hommes de couleur. Placé en face de deux races, en apparence inférieures à la sienne, l'Américain les a repoussées par des précautions d'autant plus impitoyables, que le danger d'une mésalliance lui a paru plus grand, résolu qu'il était de conserver avec le pur sang de ses pères, l'orgueilleuse sévérité de son esprit de famille. Afin de prévenir tout contact avec ces nations diverses, il les a flétries dans l'opinion.

Voilà comment la démocratie des États-Unis admet l'hérédité de l'infamie, en repoussant la transmission des honneurs par la naissance. On ne naît point noble dans ce pays ; mais on naît infâme ! C'est en vain que les lois accordent à l'affranchi tous les droits civils et politiques. Il ne lui est pas permis d'en faire usage. La séparation des races se retrouve partout : dans les écoles, les églises, les spectacles, les promenades, les hôpitaux, les prisons, et jusque dans le cimetière.

Lorsqu'une majorité blanche nomme exclusivement les législateurs et les magistrats, il est impossible que les lois ou les mœurs ne créent pas toute espèce d'obstacles à ce que les esclaves et leurs descendants fassent partie de cette souveraineté omnipotente. Autrement, la durée de l'esclavage dépendrait de l'accroissement de l'une des deux populations exploitante ou exploitée. La victoire serait réservée au nombre, c'est-à-dire aux plus féconds. Les planteurs se gardent bien d'admettre un pareil arbitrage, qui, cependant, pourra résulter, tôt ou tard, de la force des choses.

La condition des nègres américains est soumise aux mêmes nécessités générales qui accablent les mulâtres. Ils sont retenus dans leur existence dégradée par des mesures préventives et des lois pénales, dont la cruauté augmente à mesure qu'ils deviennent plus nombreux, plus à craindre, et qu'on redoute davantage l'entraînement des institutions libres qu'ils ont sous les yeux. La peur s'accroît avec le danger, et le danger par la peur, car les pouvoirs qui tremblent sont toujours tyranniques, et les noirs seront bientôt une formidable nation. Ce qui se passe à cet égard aux États-Unis a été remarqué par Montesquieu dans le monde romain : « Les maîtres vivaient d'abord, travaillaient et mangeaient avec leurs esclaves ; ils avaient pour eux beaucoup de douceur et d'équité. Les mœurs suffisaient pour maintenir la fidélité des esclaves ; il ne fallait point de lois. Mais lorsque Rome se fut agrandie, que les esclaves ne furent plus les compagnons du travail de leurs maîtres, mais les instruments de leur luxe et de leur orgueil, il fallut des lois terribles pour établir la sûreté de ces maîtres cruels, qui vivaient au milieu de leurs esclaves comme au milieu de leurs ennemis. »

Le sort de l'esclave ne dépend pas seulement des mœurs et des institutions de ses maîtres, mais des travaux plus ou moins pénibles de l'industrie à laquelle on le soumet.

Chez les peuples pasteurs, par exemple, il a beaucoup de loisirs.

On ne peut le réduire à d'excessives fatigues pour satisfaire des besoins qui n'existent pas. Après la garde des troupeaux, le service personnel est ordinairement le moins rude état imposé à l'esclave. Les douceurs de l'existence du maître s'étendent toujours un peu sur ceux qui habitent avec lui.

L'agriculture exige plus de peine. Cependant il faut encore distinguer. Dans les colonies où la culture de la canne est réunie à la fabrication du sucre, l'esclavage est un joug épuisant qui ne ressemble nullement à la condition des plus misérables journaliers européens. On demande aussi plus de travail aux noirs, si le produit en est plus précieux.

Les États-Unis, si l'on en excepte la Louisiane, ne cultivent guère la canne à sucre ou d'autres denrées qui réclament de plus grands travaux que celles d'Europe. Le coton et le tabac sont leurs principaux articles d'exportation. De là vient que la race esclave y multiplie comme un cheptel que son possesseur est d'ailleurs intéressé à bien entretenir. Ainsi, lorsqu'on dénonce la république américaine comme un gouvernement qui s'oppose à l'éducation des noirs, à leurs progrès, par des châtiments inouïs, on a raison ; ce qui n'empêche pas que dans le régime habituel de la case, ils ne soient en général moins malheureux, et que leur population ne s'accroisse plus rapidement que dans les colonies françaises ou britanniques.

Cet avantage agricole aurait dû se retrouver dans le code noir, dans la législation civile et pénale, car le soulagement physique des hommes est favorable à leur amélioration morale. Il n'en est rien pourtant, et c'est là, un des caractères de l'esclavage en Amérique : il est moins dur que la loi.

Si la condition de l'esclave n'était pas la pire des misères, elle serait souvent plus tolérable que ne l'est celle de l'affranchi, qui ne peut être ni esclave, ni libre. C'est donc surtout dans la législation pénale, dans les usages et les procédures établies contre les esclaves, qu'il faut chercher les cruautés préventives et répressives dont ils ont à souffrir. Cette législation varie d'état à état ; mais ses effets, plus ou moins rigoureux, sont partout accompagnés d'injustice et d'oppression.

De même, dit M. de Beaumont, que dans toutes les sociétés, beaucoup de lois sont nécessaires pour assurer aux hommes libres l'exercice de leur indépendance, le législateur a beaucoup de précautions à prendre pour créer des esclaves, c'est-à-dire pour destituer des hommes de leurs droits naturels et de leurs facultés morales, substituer à leur nature perfectible un état qui les dégrade et tienne incessamment enchaînés un corps et une âme destinés à la liberté.

Les droits qui appartiennent à tout individu, membre d'une société régulière, sont de trois sortes : politiques, civils et naturels. Ce sont ces droits dont la législation américaine s'efforce de garantir la jouissance à la race libre en même temps qu'elle met tout son art à les interdire aux esclaves. Quant aux droits politiques, le plus simple bon sens indique que l'esclave doit en être privé. On ne fera pas participer au gouvernement et à la confection des lois celui que ce gouvernement et ces lois sont chargés d'opprimer. Il n'est pas moins indispensable de dépouiller l'esclave de tous les droits civils. Ainsi, l'esclave ne pourra se marier. Comment la loi laisserait-elle se former un lien qu'il serait au pouvoir du maître de briser par un caprice de sa volonté ? Les enfants de l'esclave appartiennent au maître comme le croit des animaux. L'esclave ne peut donc être investi d'aucune puissance paternelle sur ses enfants. Il ne peut rien posséder à titre de propriétaire, puisqu'il est la chose d'autrui ; il doit donc être incapable de vendre et d'acheter, et tous les contrats par lesquels s'acquiert et se conserve la propriété, lui sont également interdits. La loi américaine se borne, en général, à prononcer la nullité des contrats dans lesquels un esclave est partie ; cependant, il est des cas où elle donne à ses prohibitions l'appui d'une pénalité. C'est ainsi qu'en déclarant nuls la vente ou l'achat faits par un esclave, la loi de la Caroline du Sud prononce la confiscation des objets qui ont fait la matière du contrat. Le code de la Louisiane contient une disposition analogue. La loi du Tennessee condamne à la peine du fouet l'esclave coupable de ce fait, et à l'amende l'homme libre qui a contracté avec lui.

Après avoir enlevé au nègre ses droits d'Américain, de citoyen, de père et d'époux, il faut encore lui arracher les droits qu'il tient de la nature même, et c'est ici que commencent les difficultés sérieuses. Comment obtenir qu'il ne soit plus homme ?

Le premier soin du législateur, en déclarant le nègre esclave, est de le classer parmi les choses matérielles : l'esclave est une propriété mobilière selon les lois de la Caroline du Sud, immobilière dans la Louisiane. Cependant on a beau déclarer qu'un homme est un meuble, une denrée, une marchandise, c'est un être pensant et intelligent. Aussi, toutes les lois sur l'esclavage interdisent l'instruction aux esclaves ; non seulement les écoles publiques leur sont fermées, mais il est défendu à leurs maîtres de leur procurer les connaissances les plus élémentaires. Une loi de la Caroline du Sud prononce une amende de 100 livres sterling contre le maître qui apprend à lire à ses esclaves ; la peine n'est pas plus forte quand il les tue. En défendant aux esclaves d'apprendre à lire, on les empêche, autant qu'on le peut, de connaître la doctrine de l'Évangile et de pratiquer une religion. En Georgie, tout juge de paix a le droit de dissiper une assemblée religieuse d'esclaves. Dans la Caroline du Sud, les esclaves ne peuvent pas se rassembler pour des prières, avant ou après le lever du soleil, à moins que la majorité de l'assemblée ne soit composée de blancs, et cela sous peine de vingt coups de fouet.

À l'occasion de ces interdictions anti-chrétiennes, M. de Beaumont explique pourquoi les églises catholiques sont, aux États-Unis, les seules qui n'admettent ni privilèges pour les blancs, ni exclusions des noirs. C'est que le ministre d'une communion protestante devant son office à l'élection, ménage les préjugés de ses paroissiens, ou plutôt de ses commettants, tandis que le prêtre catholique est maître absolu dans son église, et ne relève que de son évêque, qui ne reconnaît lui-même d'autre autorité que celle du pape.

L'esclave s'évade-t-il ? tous les états américains du sud sont d'accord pour le mettre hors la loi. Dans la Caroline du Sud, la première personne qui le rencontre peut le saisir et le fouetter. Le code de la Louisiane porte textuellement qu'il est permis de tirer sur les esclaves marrons qui ne s'arrêtent pas quand ils sont poursuivis. Le code du Tennessee contient des dispositions semblables. Des récompenses sont, en outre, accordées aux citoyens qui arrêtent l'esclave fugitif. La loi de la Caroline du Sud porte la peine de mort contre l'esclave en liberté, et contre toute personne qui l'a aidé dans son évasion. Les états du nord, qui ont aboli la servitude, repoussent de leur sein les esclaves errants et les livrent à leurs maîtres.

Si l'esclave ne travaille pas, s'il désobéit à son maître, s'il se révolte, et si, dans ses rapports avec les hommes libres, il commet des délits, comment le punira-t-on ? suivant quels principes ? avec quels châtiments ? Toutes les lois américaines portent la peine de mort contre l'esclave qui tue son maître ; mais plusieurs ne portent qu'une simple amende contre le maître qui tue son esclave. Les voies de fait, la violence du maître contre le nègre, sont autorisées ; le nègre qui frappe le maître est puni de mort. La loi de la Louisiane prononce la même peine contre l'esclave coupable d'une simple voie de fait envers l'enfant d'un blanc.

Il n'existe aucune loi pour punir l'injure commise par un homme libre envers un esclave. La loi du Tennessee prononce la peine du fouet contre tout esclave qui se permet la moindre injure verbale envers une personne de couleur blanche.

Non seulement les gradations pénales établies pour les hommes libres ne doivent pas s'appliquer aux esclaves, parce que la société a plus à craindre de ceux qu'elle opprime que de ceux qu'elle protège, mais encore on va voir qu'il y a nécessité de changer pour l'esclave la nature même des peines.

Quelques arrêts ont été cités récemment, en faveur de notre régime colonial, pour prouver que la peine du carcan, de la chaîne et de la fustigation, était souvent appliquée à des délits ou à des crimes réprimés en France par la peine des travaux forcés à temps. Il y aurait une excellente raison à l'appui de cette prétendue indulgence ; c'est que la peine devrait diminuer en raison de l'ignorance et de l'irresponsabilité morale du délinquant. Mais il ne s'agit ici que d'une spéculation admise par la justice. Le carcan, la fustigation et la chaîne enlèvent peu de temps au propriétaire de l'esclave. Voilà tout le secret de la mansuétude des tribunaux de nos colonies. M. de Beaumont a fait aux États-Unis des observations du même genre. Après avoir démontré que des trois peines applicables aux hommes libres, l'amende, l'emprisonnement, ou la mort, la première est impossible parce que l'esclave ne possède rien, il fait voir que les deux dernières entraînent beaucoup de difficultés, puisqu'elles atteignent la fortune du maître. Dans les cas très rare où l'esclave encourt la peine capitale, la société, qui doit alors rembourser sa valeur au propriétaire, est disposée à un acquittement par économie, tandis que si l'esclave est vieux et infirme, la sévérité du maître vient de ce qu'il espère obtenir, par une condamnation à mort, une indemnité équivalente au prix d'un bon nègre. Or, ni la société, ni le propriétaire, ne veulent faire un mauvais marché. Il faut, cependant, ajoute M. de Beaumont, des peines contre l'esclave, des peines sévères dont on puisse faire usage à chaque instant. Où les trouver ? Voilà comment la nécessité conduit à l'emploi des châtiments corporels, c'est-à-dire de ceux qui sont instantanés, qui s'appliquent sans aucune perte de temps, sans frais pour le maître ni pour la société, et qui, après avoir fait éprouver à l'esclave de cruelles souffrances, lui permettent de reprendre aussitôt son travail.

D'après un principe universellement admis en matière criminelle, les peines doivent être fixées par la loi. Cependant les lois américaines abandonnent, en général, à la discrétion du juge, le châtiment de l'esclave.

Un autre principe non moins sacré, c'est que nul ne peut se faire justice à soi-même, et que quiconque a été lésé par un crime doit s'adresser aux magistrats. Cette règle est formellement violée par les lois de la Caroline du Sud et de la Louisiane, qui confèrent au maître le pouvoir discrétionnaire de punir ses esclaves soit à coups de fouet, soit à coups de bâton, soit par l'emprisonnement. Ainsi, le maître est partie, juge et bourreau.

Pour la répression des esclaves, les principes du droit commun seraient funestes et les formes de la justice régulière impossibles. S'il fallait soumettre tous les méfaits du nègre à l'examen du juge, la vie du maître se consumerait en procès. D'ailleurs le jugement du tribunal est quelquefois incertain et toujours lent. Les annales judiciaires ne contiennent donc qu'un fort petit nombre de sentences rendues contre des noirs.

M. de Beaumont termine ainsi bien dignement un de ses plus beaux chapitres : « N'est-ce pas un magnifique témoignage en faveur de la liberté de l'homme, que l'impossibilité d'organiser la servitude, sans outrager toutes les saintes lois de la morale et de l'humanité ? »

Depuis qu'une querelle d'argent, ou pour mieux dire de fierté nationale, s'est élevée entre la France et les États-Unis, nos publicistes se plaisent à remarquer le contraste des lois républicaines de cette

14

démocratie avec la condition de ses esclaves. Il y a, dans ces récriminations, une partialité dont un juste retour sur nous-mêmes, et les plus simples notions sur le pays qui nous semble si coupable, devraient nous guérir.

M. de Tocqueville a parfaitement exposé, dans un ouvrage qui honore notre siècle, la double formation de la république fédérale. Tandis que en Virginie, des aventuriers, des chercheurs d'or, de rudes cultivateurs, sortis des dernières classes européennes, fondaient un établissement presque aussitôt envahi par l'esclavage, au nord de l'Hudson, les hommes d'élite de l'Angleterre apportaient avec leur religion proscrite des déclarations de droit pures de toute iniquité. Ainsi composée sous ces influences contraires, que pouvait faire l'Union quand elle se déclara indépendante ? Les états du sud n'auraient point prêté leur concours à ceux du nord, si l'abolition de l'esclavage avait été une condition du pacte fédéral. Il a donc fallu tolérer le mal introduit par les nations d'Europe, là où le besoin de s'unir contre l'Angleterre, et plus tard les nécessités diverses qui ont été la conséquence, de cette situation primitive, ne permettaient pas d'agir autrement. L'Union, formée de nations originairement indépendantes, devait s'abstenir de proclamer dans son acte constitutionnel et de confier à son gouvernement central les pouvoirs d'affranchissement que la métropole française a sur ses colonies.

Si les obstacles d'une émancipation étaient appréciables par des chiffres elle serait environ vingt fois plus facile dans nos possessions coloniales qu'aux États-Unis et trois fois plus difficile à l'Angleterre qu'à la France.[1] Mais bien d'autres considérations en ces tristes matières nous font un devoir de l'indulgence. L'Union n'a point ses noirs dispersés comme ceux des Antilles françaises et anglaises, dans un archipel où elle puisse les émanciper localité par localité, et déployer ainsi contre un mal isolé une immense supériorité d'action. Ses 2,500,000 esclaves forment une masse compacte sur une seule partie du continent occupé par sa population tout entière. Son unité nationale, son industrie, son commerce, sa

1 Les États-Unis ont 2.500.000 esclaves pour 14.000.000 d'habitants ; la France a 32.500.000 habitants sur son territoire continental, et 294.000 esclaves dans ses colonies. On comptait dans les îles britanniques, soumises à l'apprentissage, 830.000 esclaves, et dans le Royaume-Uni plus de 24.000.000 d'habitant, lorsque le bill d'émancipation fut voté en 1833.

sécurité intérieure, tous ses intérêts se trouvent à la fois engagés dans la question de l'affranchissement, tandis que la France et l'Angleterre ne dépendent nullement de leurs possessions des Indes occidentales.

L'esclavage ne peut cesser que de trois manières : 1° par une insurrection des noirs plus ou moins semblable à celle de Saint-Domingue ; 2° par l'autorité de la métropole sur ses colonies, ainsi qu'on le voit dans les Antilles britanniques ; 3° par le gouvernement local des pays à esclaves, c'est-à-dire par les décisions de la majorité qui gouverne, quand les planteurs et les noirs sont en minorité, comme cela s'est fait depuis longtemps et pour la première fois dans plusieurs états de l'Union américaine.

Il est évident que l'Amérique ne peut que compléter les exemples qu'elle a déjà donnés. Avant l'émancipation réalisée par les états du nord, on ne supposait pas qu'une telle entreprise pût être libre et volontaire de la part d'un gouvernement local. Mais en 1789, New-York, par exemple, pouvait aisément affranchir ses noirs, trente-quatre fois moins nombreux que sa population blanche. On conçoit également qu'en 1823, une constitution libératrice des deux races a dû rencontrer peu d'obstacles à la Colombie, où l'on comptait à peine un esclave pour trois hommes libres. Aujourd'hui, les esclaves, en minorité dans l'Union américaine, sont en majorité dans la Caroline du Sud et la Louisiane. Leur nombre égale à peu près celui des maîtres dans le Mississipi, la Floride et la Georgie. Or, partout où se rencontrent de telles proportions entre les deux races, les blancs, numériquement égaux ou inférieurs au reste de la population, forment à eux seuls la majorité qui administre, gouverne, vit de l'esclavage et par conséquent le maintient. Là au contraire où les planteurs sont en minorité dans le gouvernement aussi bien que dans la population, l'esclavage disparaît bientôt, parce que ceux qui n'en profitent pas ont toujours intérêt à le supprimer.

Dès leur origine, les Américains du nord ont eu cet avantage sur les Américains du sud, et ils n'ont cessé de propager la réforme qu'ils avaient opérée dans leur propre sein. C'est ainsi que l'esclavage a cessé dans douze états qui renferment près des trois cinquièmes de la population libre de l'Union, et qu'il décroît sensiblement dans le Maryland, la Georgie, la Delaware, la Virginie, le district de Colombie. Les territoires situés entre le 38ᵉ et le 39ᵉ degré de latitude, où l'on croyait naguère que la race noire pouvait seule travailler, se peuplent tous les jours d'un plus grand nombre d'ouvriers blancs. Il est vrai que ces conquêtes de la civilisation ne doivent pas être immédiatement attribuées aux principes démocratiques de la Nouvelle-Angleterre, à son influence morale, mais à la supériorité du travail libre sur le travail esclave. L'expérience a démontré que le cultivateur qui travaille pour lui, ou l'ouvrier blanc qui travaille librement pour un autre, moyennant salaire, produisent moitié plus que le noir travaillant pour son maître, sans intérêt personnel. Il en résulte que les denrées produites par un travail libre se vendent beaucoup moins cher. En même temps, celui qui opère avec des esclaves est obligé de donner au même prix ces denrées offertes à côté de lui avec un rabais, et dès-lors il est en perte. Il gagne moitié moins que précédemment, tandis que ses frais sont toujours les mêmes, c'est-à-dire qu'il est obligé de nourrir ses nègres, leurs familles, de les entretenir dans leur enfance, dans leur vieillesse et durant leurs maladies, sans pouvoir augmenter leur force productive pendant leur validité ; de là la nécessité de les revendre dans les états qui n'éprouvent pas encore la salutaire concurrence du travail libre, ou bien de les affranchir.

Dans le nord, l'esclavage était évidemment nuisible au plus grand nombre ; les habitants du sud sont encore dans le doute s'il ne leur est pas nécessaire. Il était pour les hommes du nord un accessoire ; il se rattache, dans le sud, aux mœurs et à tous les intérêts. En le supprimant, les états libres n'ont eu qu'une loi à faire ; pour l'abolir, les états à esclaves auront à changer tout un état social.

L'activité, le goût des hommes du nord pour le travail, la religion des presbytériens de la Nouvelle-Angleterre, le rigorisme des quakers de la Pennsylvanie, et aussi une société très avancée, tout dans les états septentrionaux tendait à repousser l'esclavage. Il n'en est pas de même dans le sud, où l'on a des croyances, mais non des passions religieuses. Plusieurs des états méridionaux, tels qu'Alabama, Mississipi, la Georgie, sont à demi barbares, et leurs habitants sont portés par le climat à l'indolence et à l'oisiveté.

Telle est la nature de l'esclavage, que partout où les intérêts qu'il fait naître sont ceux de la majorité ou du gouvernement, il se maintient par les vices qui lui sont propres et par les qualités mêmes qu'il ne peut étouffer.

La population libre des états méridionaux, en effet, quoique inférieure à celle des états du nord, participe cependant à leur liberté, à leur industrie, à quelques-unes de leurs bonnes habitudes ; mais ces avantages sont entachés par un pernicieux principe qui les fait concourir à l'aggravation du sort de l'esclave.

Si l'on retrouve encore, parmi les planteurs du sud, ces scrupules de l'esprit de famille fortifié par les traditions de l'aristocratie anglaise et l'austérité patriarcale des Américains du nord, il en résulte aussi une plus violente aversion pour la race noire ou de sang mêlé. Ils s'arrogent sur l'esclave un pouvoir discrétionnaire, qui s'étend avec l'orgueil de leur droits individuels, et de même que ce beau sentiment du droit dégénère en un surcroît d'égoïsme contre ceux qui sont exclus de toute communauté civile ou politique, l'industrie plus active, qui est la conséquence des libres institutions, devient le stimulant d'une plus cruelle cupidité.

Après la gloire individuelle du génie et de l'héroïsme, qu'y a-t-il de plus grand que l'exercice de la souveraineté populaire, quand il est véridique et quand son but est légitime ? En même temps, qu'y a-t-il de plus odieux que l'exploitation d'une minorité noire par une majorité blanche ? La souveraine prérogative qui exalte le maître, déprime l'esclave. En Turquie, dans la plus affreuse détresse, il n'y a qu'un despote ; dans les états méridionaux de l'Union ; il y a pour chaque fait de tyrannie contre les noirs des millions de tyrans. L'opinion publique, si bienfaisante lorsqu'elle protège, n'est plus, lorsqu'elle persécute, que la pire des oppressions.

Sous tous ces rapports, on peut dire que le régime démocratique, dans de certaines circonstances, maintient et aggrave l'esclavage. Mais les affranchissements de la partie la plus démocratique, la plus nombreuse et la plus civilisée de l'Amérique, prouvent le contraire.

Il faut donc, pour arriver à des observations raisonnables, classer les états, tenir compte soit des causes qui influent sur leur gouvernement, soit des diverses proportions des deux races, faire enfin la part des intérêts du moment et des ressources de l'avenir, ne pas considérer surtout comme définitifs les accidents passagers d'une réaction et d'une crise.

Reprocher vaguement à la démocratie américaine, et en confondant toutes choses, un penchant particulier pour la servitude, c'est, en vérité, comme si l'on imputait au département de la Seine l'ignorance de la Vendée, et à la Vendée les mœurs dissolues de nos grandes villes.

La démocratie française est-elle l'ennemie de tous les droits qu'elle a trop souvent suspendus, quoiqu'elle n'ait jamais cessé de les réclamer ?

Supposons un moment que la sixième partie de notre population continentale soit comme en Amérique dans l'esclavage : croit-on que vis-à-vis d'une exploitation de cinq à six millions de nègres, M. le duc de Broglie et M. Passy auraient apporté au ministère leurs sentiments d'humanité, et que la société d'émancipation, qui s'honore de leur présidence, aurait délibéré sans obstacles ? On peut juger de ce qui arriverait par le sort de nos plus précieuses libertés si facilement sacrifiées à la moindre émotion publique. Eh bien ! nous avons sous les yeux les derniers rapports de *l'American anti-slavery society*, publiés le 12 mai 1835. Ils annoncent que le nombre des associations auxiliaires de cette société générale s'est élevé de 60 à 200 ; que par leurs soins, 123.000 brochures ont été distribuées, sans compter l'envoi gratuit d'une immense quantité de journaux. Les abolitionnistes américains n'accusent pas le gouvernement fédéral des vices de sa constitution démocratique, mais de ses inconséquences ; ils se félicitent de ce que l'esclavage décroît à mesure que la civilisation le repousse vers le sud où il a grandi sous le patronage des nations européennes ; ils sentent si bien les difficultés de la cause à laquelle ils se dévouent, qu'aucun de leurs écrits ne propose un moyen particulier d'émancipation. Sur ce point, des discussions trop positives ne serviraient qu'à révéler les embarras du pays et à fournir quelques arguments spécieux aux préjugés qui leur sont hostiles. La religion, l'humanité et la liberté, voilà les seuls sentiments qu'ils se réservent de provoquer en toute occasion.

Pourquoi nous montrerions-nous plus exigeants envers l'Amérique, que les hommes qu'elle persécute ? Ces persécutions, loin d'abattre leur courage, leur paraissent, comme ils le témoignent eux-mêmes, les signes précurseurs d'une nouvelle ère de réparation. Le mal, selon eux, est moins grand qu'il n'était autrefois, puisqu'il est plus douloureusement senti. Sans doute, la population des états du nord parait entraînée aussi dans une odieuse complicité pour le maintien de l'esclavage ; mais si elle soutient les planteurs du sud en sens inverse de ses exemples et de son véritable instinct, c'est qu'elle croit que le pacte fédéral dépend encore de ce pénible engagement. Son tort est de ne pas défendre un grand principe d'humanité avec les mêmes ménagements qu'elle met à sauver le principe, en apparence opposé, de l'unité nationale ou de l'association des états sous un gouvernement commun. En admettant, ce qui est fort inexact, qu'elle obéisse seulement à des intérêts mercantiles, ces intérêts ne sont-ils pas essentiellement variables, et la nécessité de prendre un parti n'amènera-t-elle point un état de choses où ils se trouveront conformes à la justice ? Depuis quand les grandes améliorations de ce monde se réalisent-elles d'emblée et sans résistance ?

Quelle honte ! dites-vous, des démocrates possesseurs d'esclaves !... Eh ! messieurs, nous sommes assurément bien supérieurs à des démocrates, nous qui avons, pour l'affranchissement de quelques milliers de noirs, tous les moyens d'exécution qui manquent à l'Amérique. Il serait temps d'être plus modestes ou de prouver notre supériorité autrement que par de sublimes invectives.

En Amérique, dans les états dominés par les passions des planteurs, si l'on ne se tait pas sur la servitude, l'on brave à ses risques et périls d'infâmes outrages. En France, nous n'avons sur ces questions qu'une vaniteuse indignation politique ou littéraire, une philanthropie facile et au besoin d'agréables plaisanteries. De quel coté est le progrès ?

Les détracteurs de la démocratie des États-Unis ressemblent un peu à ces esprits forts qui veulent toujours imposer aux âmes dévotes des vertus surhumaines, oubliant que d'ordinaire ils prennent cette dévotion en grande pitié. Quoi ! vous prétendez que 2.500.000 noirs soient émancipés immédiatement, et l'Europe a mis douze à treize siècles pour affranchir ses serfs de couleur blanche. Une si vive impatience renferme un aveu implicite et fort exagéré de la prétendue supériorité américaine. Il est vrai qu'on en conclut sans transition la plus profonde infériorité.

Quelle chimère est-ce donc ? quelle nouveauté, quel chaos, quel sujet de contradiction ? gloire et rebut de l'univers, s'il se vante, je l'abaisse, s'il s'abaisse, je le vante, et le contredis toujours, jusqu'à ce qu'il comprenne qu'il est un monstre incompréhensible.

On dirait que cette apostrophe de Pascal à la nature humaine a été faite pour l'Amérique. Hélas ! on a raison si l'on veut n'y voir que des hommes. Il serait plus sage cependant de n'imaginer ni monstres, ni merveilles, mais tout simplement d'étudier une nation qui semble avoir pour emploi préalable d'étendre sur la cinquième partie du globe deux cents millions d'habitants fort rapprochés les uns des autres par leurs richesses, leur éducation, leur sens commun, et de surpasser les autres peuples par la rapidité de ses progrès ainsi limités, en attendant des révélations encore inconnues et de nouvelles mœurs.

De même qu'on peut exagérer chez un peuple le mérite de ses institutions, il faut prendre garde, chez un autre, d'attribuer à un trop grand nombre d'individus les honneurs de la science, des arts et d'une exquise politesse. Retranchez de la France quelques centaines d'hommes éminents, soit par la puissance inventive de leur esprit continuellement excité, soit par la brillante culture de leurs sentiments, précieuse aristocratie qui fait les révolutions et les lois bien plus que les usages, n'aurez-vous pas à peu près des Américains du nord ? Nous n'avons pas un territoire illimité, sans cesse ouvert à l'industrie, sans voisinage dangereux ni guerres, et régi par des lois ou des coutumes appropriées à une telle situation ; mais nous sommes déjà bien démocrates sans nous en rendre compte.

Peut-être ce mot *démocratie* vous effraie-t-il. Tâchez d'en trouver un meilleur, et sans nous enfermer dans l'étroit vocabulaire des partis, allons, s'il se peut, au fond des choses. Nous désignons de la sorte le mouvement qui égalise partout les conditions sociales, fait surgir dans la vie publique de nouvelles classes, les soumet provisoirement à un certain niveau de savoir, de moralité, d'industrie, dont la moyenne, supérieure sous beaucoup de rapports à ce qu'elle était autrefois, serait encore bien affligeante si la perfectibilité humaine ne nous venait en aide.

Pourquoi travestir la démocratie sous la livrée d'un seul peuple et d'un seul gouvernement ? Elle n'est pas plus républicaine que monarchique ou aristocratique ; elle n'est ni anglo-américaine, ni française. C'est une phase du genre humain, une tendance irrésistible et universelle qui continue à travers les temps. Ses formes varient avec les accidens de la situation des peuples ; sa nature et son but définitif ne varient pas, car tous les peuples sont composés du même élément, l'humanité.

S'il nous parait puéril de déguiser les misères du pays auquel on appartient, nous ne saurions comprendre l'intérêt sérieux d'une attaque ou d'une apologie des institutions d'un pays quelconque, considérées comme types absolus de gouvernement. Quant à nous, nous sommes bien éloignés de chercher en dehors de la France les moyens réguliers de perfectionnement qu'elle possède ; mais tout grand peuple présente des inconvénients à éviter, des exemples à consulter plutôt qu'à suivre, et nous croyons qu'il devient un sujet d'études plus utile, à mesure que de communes destinées démocratiques mettent en évidence, dans la gestion de ses affaires, quelques-uns des problèmes qui intéressent notre pays. L'émancipation de la race noire est un de ces problèmes. Nous venons de montrer qu'il est plus facile à la France qu'à l'Amérique de le résoudre, et qu'on s'abuse en considérant la démocratie comme un obstacle radical à cette réforme. Une démocratie imparfaite peut bien, dans un lieu et dans des circonstances données, servir passagèrement d'appui à la servitude ; mais, quelque imparfaite qu'elle soit, elle recèle en son sein les germes d'un autre avenir et de la liberté générale.

Le concours de plusieurs causes morales et économiques est nécessaire à l'affranchissement des nègres américains, comme il l'a été à celui des serfs d'Europe. Les états du nord sont le foyer des causes morales qui n'ont cessé d'agir. Les états du sud éprouvent déjà l'effet des causes économiques dont nous avons indiqué la nature. Une des plus puissantes est la cherté du travail esclave, comparée à la valeur du travail libre ; mais un autre avantage résulte, pour la race noire, de sa multiplication plus rapide que celle de la race blanche. Les considérations d'éducation et de fortune, qui diminuent les naissances d'enfants blancs, n'ont aucune influence sur les accouplements noirs dont la fécondité est au contraire favorisée par l'intérêt des maîtres, surtout depuis que la cessation de la traite ne permet pas un autre moyen d'étendre et de perpétuer l'esclavage. Ainsi, lorsque l'entretien des esclaves sera devenu une spéculation onéreuse, en présence de l'industrie envahissante des ouvriers libres, lorsqu'une nation nègre couvrira de ses masses le sol qu'elle doit un jour librement exploiter, les planteurs eux-mêmes réclameront un changement dans la condition des opprimés, et obtiendront bien plus facilement l'assistance des états du nord pour arriver pacifiquement à cette fin, que pour défendre un système d'oppression et de révolte.

Telle est la ferme espérance de M. de Beaumont. Comme il ne croit pas qu'il soit possible de déterminer d'avance la manière dont s'opérera la complète émancipation des noirs, il se contente de signaler les causes nécessaires de cette réforme, sa marche progressive, en même temps que ses obstacles et l'inutilité de plusieurs projets imaginés pour hâter son accomplissement.

Après le remboursement complet de la dette fédérale, le gouvernement américain aurait pu employer au rachat des esclaves 85.000.000 fr., autrefois consacrés aux créanciers de l'Union. Cependant, même en supposant cette somme disponible, ce qui n'est pas exact, puisque l'impôt qui la procurait a été réduit en même temps que la dette s'est éteinte, M. de Beaumont estime que là-dessus il faudrait 47.000.000 fr., pour le seul rachat de 60.000 esclaves qui naissent annuellement en Amérique. Resteraient 58.000.000 fr. qui, ajoutés aux 47.000.000 fr. pendant 14 ans, suffiraient pour éteindre l'esclavage aux États-Unis, si les états du nord pouvaient accepter de tels impôts dans l'intérêt des états méridionaux, on de la disparition d'un danger qui ne leur semble pas imminent, et si d'ailleurs les planteurs voulaient y consentir. La plus admirable situation financière est donc encore sans utilité pour un affranchissement.

L'étendue des bonnes terres incultes possédées par l'Union parait être aussi une ressource dont on ne saurait se servir. Ainsi, Jefferson veut qu'après avoir aboli l'esclavage, on assigne aux nègres une portion du territoire national où ils vivraient séparés des blancs. Qui ne voit que la conséquence de ce projet serait d'établir deux sociétés distinctes et hostiles entre elles, dans un pays qui se félicite, avec raison, de n'avoir aucun voisin redoutable ? Une colonie de nègres affranchis a été fondée à Libéria, sur la côte d'Afrique (6° degré de latitude nord). Malheureusement, le transport de tous les esclaves américains vers cette lointaine contrée coûterait quinze à seize cents millions. C'est pourquoi cet établissement ne peut aider que la civilisation du continent africain. Les nègres étant affranchis, tout ne serait pas terminé. Il faudrait trouver au moyen, soit de les faire disparaître de la société où ils étaient esclaves, soit de les intéresser à la commune prospérité nationale, ce qui n'est pas moins difficile avec les dispositions actuelles des deux races. D'un autre côté, d'après la constitution américaine, l'abolition de l'esclavage ne peut se faire que par un acte particulier de la souveraineté des états à esclaves, fort éloignés, pour le moment, d'une semblable résolution. Comment donc les États-Unis se délivreront-ils du danger qui s'accroît sans cesse ? par son accroissement même. Il faut qu'il soit évident pour la majorité du pays. Personne assurément ne peut affirmer que ce danger, n'étant pas conjuré à temps, se dissipera sans un déchirement ou au moins sans une violente commotion. Cependant les charges de la servitude augmentent d'une manière si sensible, l'industrie libre et la population noire s'accroissent avec une telle rapidité, que les états du sud ne voudront pas sans doute persévérer bien longtemps dans une situation qui les expose beaucoup, pour les rendre inférieurs aux états du nord, ni les états du nord se dévouer, pour garantir la propriété des planteurs, à des combats atroces, dont l'issue serait mille fois plus incertaine et désastreuse que les plus tristes chances d'une émancipation.

Quand la nécessité d'une transaction entre les deux races sera venue, le glorieux exemple donné par l'Angleterre aura montré les moyens de l'entreprendre. Le succès de l'apprentissage est à la fois une provocation et un remède, qui hâtera le triomphe de la plus juste des causes.

Jusque-là, nous admettons que, dans les états exclusivement gouvernés par des planteurs, la démocratie aggrave la condition des noirs ; nous concevons encore comment, dans les états qui n'ont plus d'esclaves, les institutions démocratiques sont accidentellement un instrument de persécution contre les abolitionnistes, quoiqu'elles aient chassé la servitude de la moitié du territoire fédéral ; mais nous ne pensons point qu'il doive résulter des excès de la démocratie américaine, c'est-à-dire des entraînements de la multitude agissant dans sa propre cause, une réaction contre les idées absolues de liberté et d'égalité, en faveur des idées non moins absolues d'autorité, comme on les a conçues jusqu'à ce jour.

M. de Tocqueville fait voir, par le remarquable contraste du sénat américain et de la chambre des représentants, que le principe de la souveraineté populaire comporte, avec l'usage des degrés électoraux successifs substitués à l'action directe du suffrage universel, des moyens d'ordre, des garanties de capacité et de justice distributive, désormais impossibles sous les formes épuisées des gouvernements despotiques ou aristocratiques. Pourquoi le peuple des États-Unis, qui s'est tiré avec bonheur de tant de situations difficiles, n'étendrait-il pas, si quelque grand péril rendait nécessaire l'épuration de sa souveraineté, la pratique de ces élections à plusieurs degrés, déjà si heureusement introduites dans la formation de son sénat [1] ?

En Amérique comme en Europe, la démocratie ne trouvera qu'en elle-même ses moyens de modération et de progrès. Or, il n'en est pas de plus rationnel que les délégations successives et périodiques de la souveraineté populaire. Ces délégations ne ressemblent nullement à tous ces procédés purement mécaniques, recommandés comme d'infaillibles remèdes aux maux de la société ; elles deviendront un jour le préservatif naturel de la démocratie, partout où cet état social doit prévaloir, car à mesure que la condition de tous et de chacun va se nivelant, on sentira le besoin d'opposer à la domination immédiate des masses le gouvernement représentatif des plus capables et des plus dignes.

Les élections à plusieurs degrés, fondées sur l'expérience certaine

---

1 L'universalité des citoyens nomme la législature de chaque état, et la constitution fédérale, transformant à leur tour chacune de ces législatures en corps électoraux, y puise les membres du sénat. Les sénateurs expriment donc, quoique indirectement, le résultat du vote universel ; car la législature, qui nomme les sénateurs, n'est point un corps privilégié qui tire son droit électoral de lui-même. Elle dépend essentiellement de l'universalité des citoyens ; elle est, en général, élue par eux tous les ans, et ils peuvent toujours diriger ses choix, en la composant de membres nouveaux. Mais il suffit que la volonté populaire passe à travers cette assemblée choisie, pour s'y élaborer, en quelque sorte, et en sortir revêtue de formes plus nobles et plus belles. Les hommes ainsi élus représentent donc toujours exactement la majorité de la nation qui gouverne ; mais ils ne représentent que les passions élevées qui ont cours au milieu d'elle, les instincts généreux qui l'animent, et non les petites passions qui souvent l'agitent et les vices qui la déshonorent. (*De la Démocratie aux États-Unis*, par M, de Tocqueville.)

que le pouvoir élu est moralement supérieur au pouvoir qui élit, concilient les droits individuels avec le droit national, la représentation continue des besoins nouveaux avec le ménagement des intérêts établis et les soins de l'avenir ; elles réunissent la force du nombre à l'ascendant d'une aristocratie naturelle et mobile, la seule légitime, puisque le choix des intéressés la rend incontestable et incorruptible. La souveraineté numérique des masses ou la souveraineté arbitraire des pouvoirs qui se posent en vertu d'une mystérieuse nécessité, sont également incapables d'assurer aux peuples de si grands bienfaits.

Si la législature de chaque état et la chambre des représentants étaient composées, comme le sénat, des hommes les plus distingués de l'Amérique, l'émancipation des noirs ne serait-elle pas beaucoup moins difficile ?

Ce n'est là qu'une conjecture ; mais elle est plus vraisemblable que l'hypothèse de ceux qui insinuent que l'abandon des principes démocratiques aux États-Unis est nécessaire pour y abolir l'esclavage. Si l'extrême égalité des conditions dans ce pays pouvait se combiner avec les idées despotiques qui gouvernent encore les parties les moins avancées de l'Europe, n'en résulterait-il pas au contraire une tyrannie d'autant plus écrasante qu'elle agirait sur des individus plus faibles ? Il nous semble que lorsqu'on veut prévoir l'avenir d'un peuple, il est plus sage d'interpréter ses besoins que de trop s'émouvoir de ses périls.

Mais quelle que soit la forme du gouvernement, l'émancipation de plusieurs millions de noirs, réunis en une seule population, sur le même continent, est une réforme sans exemple, qui exige bien des études que nous ne prétendons pas aborder ici. Cette réforme, très heureusement commencée dans les Antilles, sera bientôt une nécessité pour l'Amérique, et d'abord pour les colonies françaises, plus rapprochées des divers foyers d'affranchissement. Avant d'en étudier les moyens qui varient dans chaque localité, nous devions en montrer l'urgence et faire connaître à nos lecteurs les belles recherches de M. de Beaumont. Comme lui, nous avons été dirigés par un profond sentiment, celui des droits inhérents à la qualité d'hommes. Le mot de droit est un peu oublié, nous le savons. Il reprend sa valeur ou devient une pauvreté, selon les alternatives d'orgueil ou d'abattement réservées à ceux qui en font usage.

Notre démocratie est-elle accablée par ses ennemis ou effrayée d'elle-même ? elle se réfugie dans les complaisants commentaires de l'histoire, afin de pallier à la fois ses prétentions et ses défaites. Nous lui figurons alors de faux représentants qui la désavouent ou qui la déshonorent ; nous attribuons à la puissance des mœurs et aux dispositions mobiles de l'opinion publique une vertu que nous refusons à des lois insuffisantes et vaincues.

Le droit est partout et n'est nulle part. Ses véritables caractères, le principe moral, l'institution écrite, qui le consacrent, sont dédaignés comme de frivoles utopies. Ainsi disparaissent les plus glorieuses garanties de la civilisation, et notre indécise persévérance n'est plus qu'une opposition inconséquente, un effort hypocrite et capricieux pour ressaisir par des subterfuges la forte position qui nous échappe.

Ce n'est pas que nous contestions ici l'utilité de l'histoire ; ni les rassurants témoignages qui apparaissent dans nos mœurs. Nous voudrions seulement que la science ne devint pas un auxiliaire de nos faiblesses, et qu'au lieu de nous appuyer vaguement sur des systèmes de fatalité opposés à la liberté, au droit, à la morale, sur les traditions mortes ou fugitives de l'esprit humain, on eût le courage de se recommander des forces vives de cet esprit humain luimême, de sa nature propre, de son libre arbitre limité et non anéanti par ses lois générales, de ses derniers progrès, des conquêtes qu'il croyait assurées quand il ne doutait pas de sa cause.

Conception idéale et pratique des rapports de justice qui sont possibles entre les hommes, le droit s'explique, mais il s'impose. S'il est possible de remporter d'apparentes victoires sur les partis qui le professent dans toute sa pureté, les factions qui spéculent sur ses déguisements sont inévitablement vaincues. On détruit l'essence du droit, lorsque torturant le texte où il est déposé, on le réclame pour soi sans le vouloir pour tous ; mais n'est-ce pas un matérialisme tout aussi grossier que de l'exclure des facultés humaines, de la religion, des institutions politiques, pour le reléguer dans les mœurs et dans l'histoire, sous prétexte que le législateur ne saurait lui donner une signification certaine

Le dangereux fatalisme qui trouble nos connaissances et dirige nos affaires, réduit les meilleurs esprits à une sorte d'inertie orientale, en justifiant tout ce qu'il explique, et en expliquant tout ce qu'il justifie, y compris les crimes les plus odieux. L'histoire, comme on la conçoit, n'est plus le récit des événements naturels de l'humanité, l'exposé de ses lois générales qui souffrent un si grand nombre d'irrégularités et d'accidents. C'est une algèbre présomptueuse, un recueil de formules inflexibles et de souples interprétations, pour toutes les données sociales qu'on arrange selon ses vues personnelles ; elle raconte les moindres faits accomplis, comme la succession des commandements du destin caché sous le nom de providence ; elle démontre avec Hegel, l'excellence nécessaire de tout ce qui s'établit, car un semblable fatalisme ne peut faire que des optimistes.

Ritter, l'habile créateur de la géographie comparée, veut-il montrer pourquoi la traite des noirs n'a pas dépeuplé d'une manière sensible le continent africain ? il ne s'inquiète nullement de l'insuffisance des documents qui prouveraient combien cette question est mal posée ; mais il suppose que l'auteur de l'univers a doué la race noire d'une fécondité particulière, afin de réparer au profit du Nouveau-Monde les pertes continuelles de l'esclavage. Voilà les marchands négriers et les planteurs autorisés dans leurs spéculations par une complicité divine !

Il y a peu de jours, un économiste fort distingué ne disait-il pas, en parlant de l'esclavage aux États-Unis, que toutes les sociétés possibles semblent avoir besoin d'un substratum servant de marchepied aux classes privilégiées, d'une ou de plusieurs castes d'autant plus cruellement exploitées, qu'il y a plus d'idées de liberté et d'égalité dans les classes admises aux privilèges ?

Voilà un accident local transformé en règle universelle, une nécessité comme la plupart des nécessités proclamées aujourd'hui pour la plus grande commodité des historiens et des hommes d'état. L'esclavage est supprimé dans la plus grande et la plus importante partie du territoire américain ; tout parait indiquer qu'il disparaîtra des états où il se concentre… Qu'importe ? Il nous faut une loi générale. La philosophie politique, comme l'histoire, serait trop vulgaire si elle accueillait de simples conjectures, des faits fortuits et isolés. Nous ne croirions pas, d'ailleurs, jouir du meilleur des gouvernements possibles, si, en toutes choses, un gouvernement plus démocratique n'était pas inférieur et détestable.

Tout le monde sait comment la race caraïbe ayant été exterminée, il y a deux siècles, par d'avides flibustiers, quelques marchands donnèrent par hasard l'idée de la remplacer par des Africains, et comment de cette première spéculation naquirent de nouveaux peuples noirs réduits en servitude. Le servage européen a sans doute sa cause générale dans le vaste et continuel état de guerre de notre primitive barbarie ; mais si jamais un évènement eut une cause indépendante des nécessités du temps et des lieux, c'est l'esclavage colonial… Qu'importe ? Il nous faut un substratum et des castes pour toutes les sociétés possibles. La philanthropie en sera quitte pour protester contre les observations du publiciste.

Ce sont là des argumentations très sincères qui accusent moins leurs auteurs que l'influence des doctrines régnantes sur la plupart des esprits livrés à ces sortes de recherches. Combien nous en trouverions d'exemples contre les droits de la race blanche ou noire ! Il en est de moins savantes, il est vrai. Ainsi, quand pour établir la légitimité de la possession des nègres par nos planteurs, on invoque aussi l'antiquité et l'universalité de l'esclavage, nous chercherions bien loin nos explications en voyant dans cette très simple excuse quelque parenté philosophique avec les erreurs d'Hegel ou de Ritter. Beaucoup de philosophes, dans les états barbaresques, en Orient et chez certaines peuplades, ne démontreraient-ils pas à peu près de la même manière l'antiquité et la légitimité de la piraterie ou des sacrifices humains ?

Sachons bien que toutes les passagères défaites de notre démocratie viennent de ses infractions au droit commun, qui s'agrandit et se propage sans cesse par une religieuse humanité, de même qu'il n'est jamais impunément contredit par nos prétendues nécessités et nos inconséquences.

Que nous différions les uns des autres dans des jugements politiques, cela est inévitable ; mais il est de hautes et saintes réformes que bien des nobles cœurs faits pour s'entendre peuvent réclamer comme le témoignage de leurs communes croyances. Aussi longtemps que des hommes posséderont d'autres hommes et qu'on en parlera d'un ton léger et cruel, philosophes ou chrétiens, ne laissons pas refroidir cette indignation de la charité qui se concilie si bien avec la justice et la prudence.

Après avoir enduré de tels abaissements de la nature humaine, quel sentiment nous resterait de nos semblables et de nous-mêmes ? Il n'y a pas de religion ni de civilisation possible là où il n'y a plus d'humanité.

ISBN : 978-1983821868

www.ingramcontent.com/pod-product-compliance
Lightning Source LLC
Chambersburg PA
CBHW050758250726
48662CB00005B/2283